엮은이 카렌 포스터
유럽에서 22년 동안 편집자, 편집장으로 일하면서
주로 전문 잡지와 도감 들을 만들었어요.
그 밖에 눈에 띄는 참고서와 음악 제품 들을 만들어 냈지요.
여러 나라 말을 할 수 있어서 번역가로도 일했어요.

그린이 레베카 엘리엇, Q2 Media
레베카 엘리엇은 영국의 켄트 주립 대학을 마치자마자
어릴 때부터 꿈꿔 왔던 화가가 되었어요.
지금은 영국과 미국의 이름난 아동 출판사에서
그림책이나 참고서에 예쁘고 즐거운 그림을 그리고 있어요.
Q2 Media는 어린이들이 보는 참고서에 그림을 그리는 모임이지요.

옮긴이 신인수
대학에서 영문학을 공부한 뒤 편집자로 일했어요.
지금은 성균관대학교 번역 대학원에서 공부하며,
어린이와 청소년이 볼 만한 좋은 책을 찾아서
우리말로 옮기는 데 힘쓰고 있어요.

**꼬마 탐험가가 보는 지도책 01**

# 유럽

카렌 포스터 엮음 | 신인수 옮김
초판 1쇄 발행 2009년 11월 16일

**펴낸이** | 양원석
**편집장** | 최주영
**책임편집** | 김지은
**디자인** | 바오밥 나무
**마케팅** | 정도준, 김성룡, 백준, 나길훈, 임충진, 주상우
**제작** | 허한무, 문태일, 김수진

**펴낸곳** | 랜덤하우스코리아(주)
**주소** | 서울시 강남구 삼성동 159번지 오크우드호텔 별관 B2(우135-525)
**내용 문의** | (02) 3466-8915
**구입 문의** | (02) 3466-8955
**등록번호** | 제2-3726호(2004년 1월 15일 등록)
**홈페이지 주소** | www.jrrandom.co.kr

ISBN 978-89-255-3463-3 74980
ISBN 978-89-255-3462-6 (세트)

값 10,000원

YOUNG ADVENTURER ATLAS : EUROPE
Copyright ⓒ 2007 by Diverta Ltd
Korean Translation copyright ⓒ 2009 by Random House Korea, Inc.
All rights reserved.
Korean translation rights arranged with Diverta Ltd, London through EYA (Eric Yang Agency), Seoul.

이 책의 한국어판 저작권은 EYA(Eric Yang Agency)를 통해 Diverta Ltd와 독점 계약한 랜덤하우스코리아(주)에 있습니다.
신 저작권법에 의해 한국 내에서 보호를 받는 저작물이므로 무단 전재와 무단 복제를 금합니다.

* 맞춤법과 띄어쓰기는 국립국어원의 기준에 따랐습니다.
* 잘못 만들어진 책은 구입하신 곳에서 교환해 드립니다.
* 주의 : 책 모서리가 날카로워 다칠 수 있으니 사람을 향해 던지거나 떨어뜨리지 마십시오.

 꼬마 탐험가가 보는 지도책 01

# 유럽

카렌 포스터 엮음 | 신인수 옮김

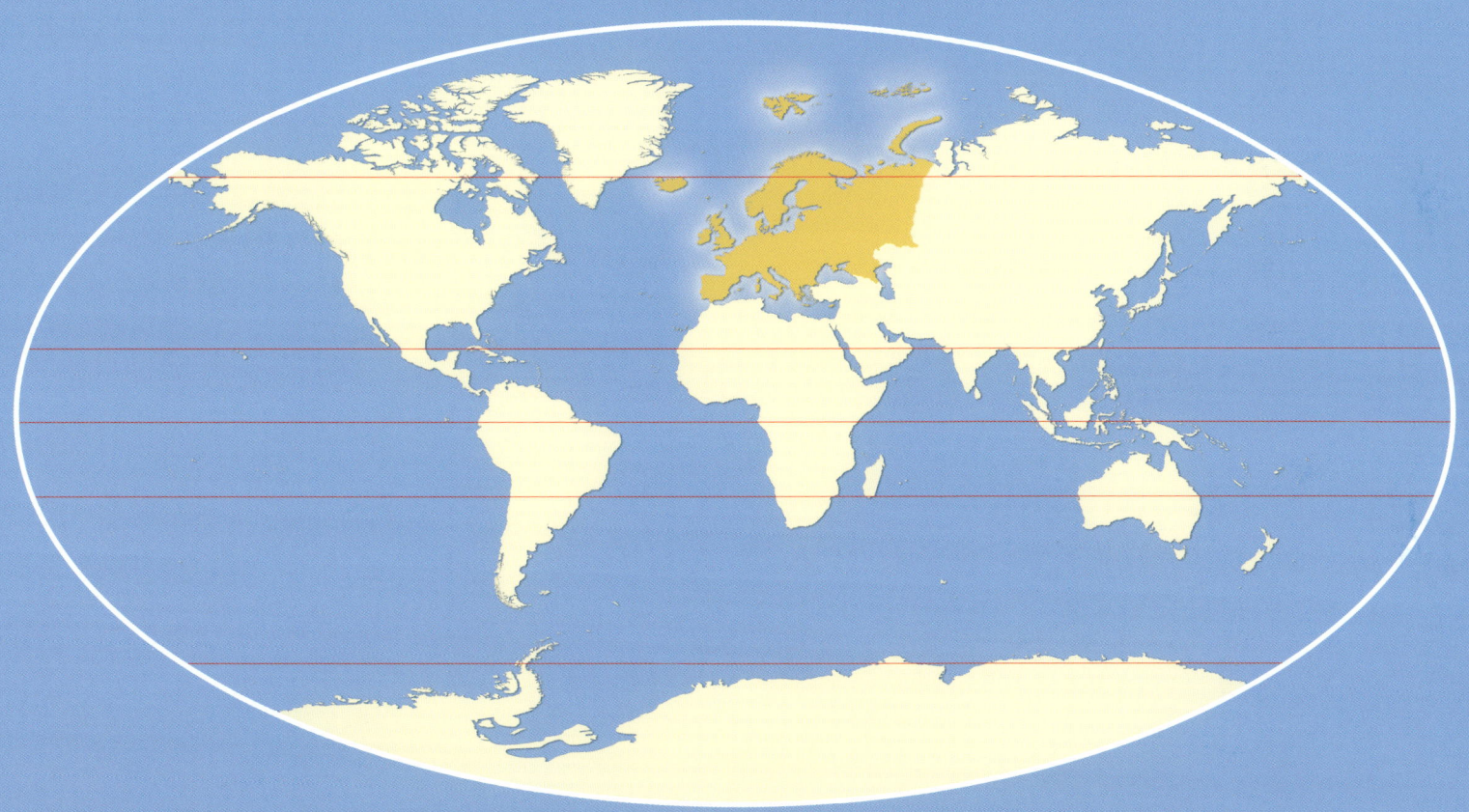

주니어랜덤

# 차 례

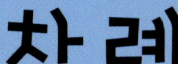

| | |
|---|---|
| 유럽에 온 것을 환영해요! | 4-5 |
| 나라 | 6-7 |
| 지형 | 8-9 |
| 물길 | 10-11 |
| 기후 | 12-13 |
| 식물 | 14-15 |
| 동물 | 16-17 |
| 인구 | 18-19 |
| 민족과 풍습 | 20-21 |
| 가 볼 만한 곳 | 22-23 |
| 산업 | 24-25 |
| 교통 | 26-27 |
| 오리엔트 특급 열차를 타고 | 28-29 |
| 용어 풀이와 찾아보기 | 30-31 |
| 한눈에 보기 | 32 |

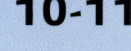

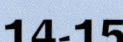

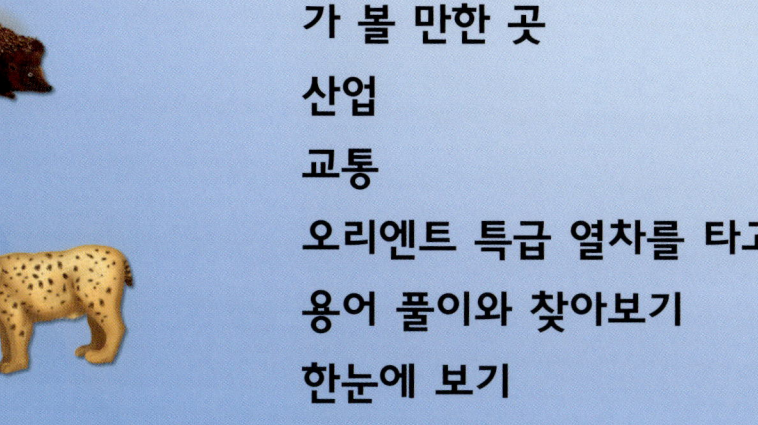

# 유럽에 온 것을 환영해요!

세계는 크게 일곱 개의 땅덩이로 이루어져 있어요.
유럽, 북아메리카, 남아메리카, 아시아, 아프리카,
오세아니아, 남극으로, 이를 '대륙'이라고 하지요.

남극권은 지구 바닥에 빙 둘러 그린 상상의 선이에요. 남극의 끝이 어디인지를 나타내지요.

나침반을 보면 어느 쪽이 동서남북인지 알 수 있어요.

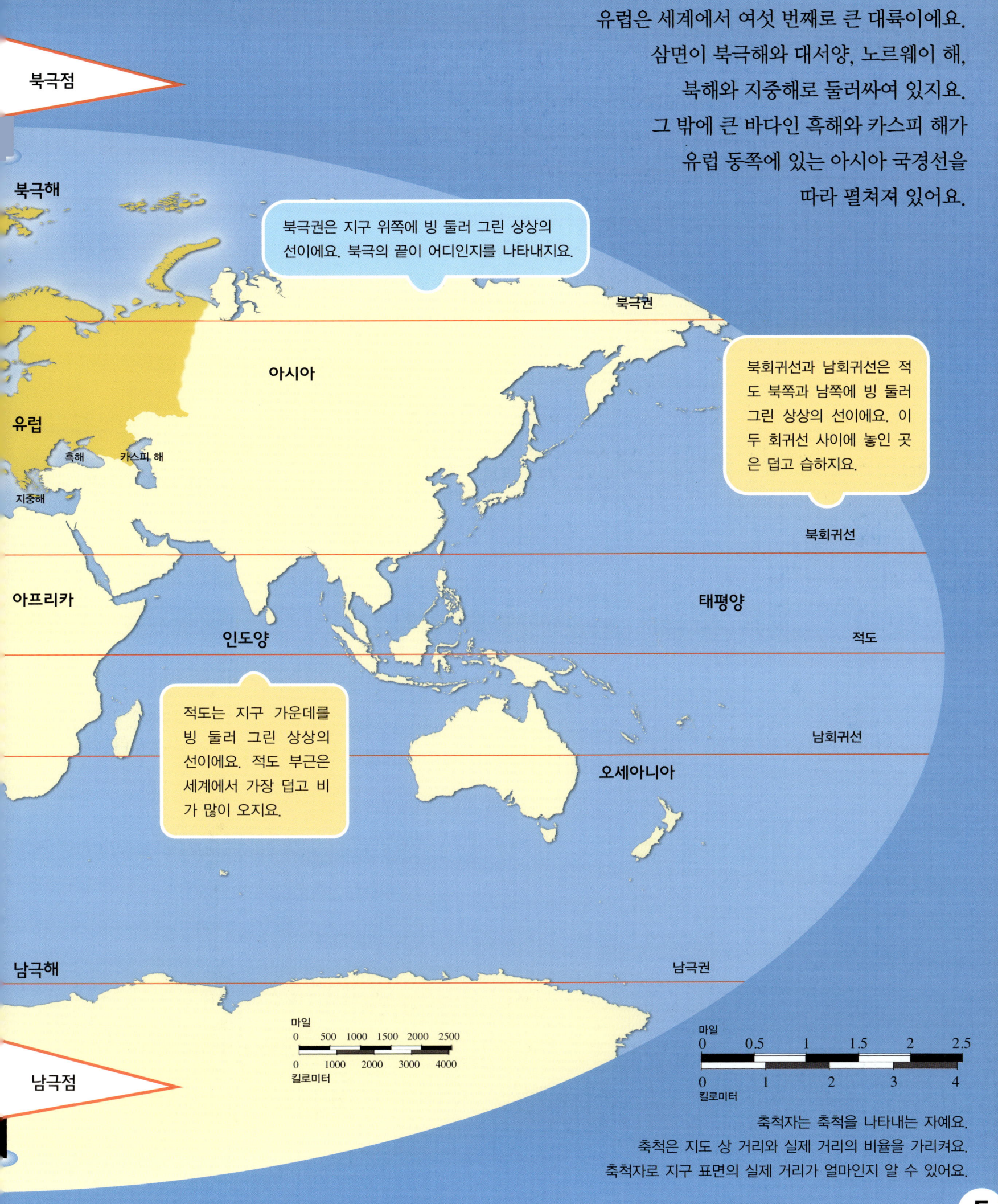

# 나라

유럽은 50여 개의 나라가 옹기종기 모여 있는 대륙이에요. 나라마다 고유한 생활 방식이 있고, 자기들만의 언어를 쓰고 있지요.

## 작지만 달라요!

영국은 유럽의 대륙 서쪽에 있는 섬들로 이루어진 나라예요. 잉글랜드, 스코틀랜드, 웨일즈, 북아일랜드로 이루어져 있지요. **오스트리아**와 **스위스**는 겨울 스포츠를 즐기는 곳으로 이름나 있어요. 눈 덮인 알프스 산맥이 이 두 나라에 걸쳐 펼쳐져 있어요. **이탈리아**는 장화처럼 생겨서 알아보기 쉬워요. 수백만 명의 관광객이 역사 유적지와 예술품을 보려고 찾아오지요. **에스파냐**와 **포르투갈**은 이베리아 반도라고 하는 네모난 땅에 놓여 있어요. **러시아**는 유럽에서 가장 큰 나라예요. 하지만 일부분만 유럽에 들어가고, 나머지는 동쪽으로 아시아에 걸쳐 펼쳐져 있지요.

북유럽은 덴마크, 노르웨이, 스웨덴, 핀란드 그리고 아이슬란드로 이루어져 있어요. 아이슬란드는 화산섬으로, 대서양에 있어요. 프랑스는 농업과 산업이 발달한 나라예요. 프랑스의 음식과 와인은 세계에 이름나 있지요. 독일은 산업이 발달한 나라예요. 그리스와 **터키**는 유럽의 동쪽 끝에 있어서 아시아와 가까워요. 네덜란드와 **벨기에**는 땅이 낮고 판판하며, 곳곳에 운하가 발달되어 있어요.

나라마다 고유한 옷이 있어요. 이 인형들은 네덜란드 민속 옷을 입고 있어요.

볼쇼이와 키로프 학교의 러시아 발레단은 세계 곳곳에서 공연을 펼쳐요.

## 무얼 먹을까요?

- **프랑스** 양파 수프
- **독일** 훈제 소시지와 소금에 절인 양배추
- **러시아** 블리니(팬케이크)와 철갑상어 알
- **그리스** 차지키(박하향 요구르트와 오이 소스)
- **이탈리아** 피자
- **에스파냐** 파엘랴(조개, 고기, 토마토, 후추를 넣은 사프란 쌀밥)
- **영국** 피시앤드칩스(생선 튀김에 감자튀김을 곁들인 요리)
- **헝가리** 매운 굴라쉬(쇠고기와 야채 스튜)와 만두
- **스웨덴** 절인 청어와 가재
- **폴란드** 생강 빵

슬로베니아 · 에스파냐 · 스웨덴 · 스위스
터키 · 영국 · 우크라이나 · 바티칸 시국

# 지형

유럽은 동쪽 경계선을 빼고 삼면이 바다로 둘러싸여 있어요. 동쪽에는 커다란 우랄 산맥이 유럽과 아시아를 가르고 있지요. 알프스 산맥, 피레네 산맥, 캅카스 산맥처럼 높은 산맥은 나라 사이에 경계가 되어 주어요.

러시아에 있는 엘브루스 산은 유럽에서 가장 높아요. 스칸디나비아 순상지의 산에는 바위가 많고 강과 이어진 조그마한 호수가 아주 많이 있어요.

북유럽 평원은 탁 트인 넓은 저지대예요. 대서양 연안부터 서부 러시아까지 유럽을 가로질러 펼쳐져 있어요. 북유럽 대평원은 다른 대륙에서는 찾아볼 수 없는 연속적인 넓은 평야로 유럽 대륙의 역사에도 많은 영향을 주었어요.

## 이탈리아 화산

에트나 산은 시칠리아에 있는데, 유럽에서 활동을 하고 있는 가장 큰 활화산이에요. 구름 같은 연기와 화산재, 시뻘겋고 뜨거운 용암을 분수처럼 높이 뿜어내지요. 화산이 폭발할 때마다 새로운 화산추와 분화구가 산허리에 생겨서 에트나 산의 모양이 계속 바뀌고 있어요.

**베수비오** 산은 이탈리아의 나폴리 만에 있어요. 활동을 쉬고 있는 휴화산이지만, 세계에서 가장 위험한 화산 중 하나예요. 한번 폭발하면 그 힘이 어마어마한 데다가, 산비탈에 많은 사람이 살고 있어서예요.

시칠리아 섬에 있는 에트나 산

## 포스토이나 동굴

슬로베니아에는 포스토이나 동굴처럼 연한 석회석 바위로 이루어진 동굴이 많이 있어요. 피브카 강이 동굴 속을 흐르면서 석회암을 계속 녹이지요. 동굴 천장을 타고 흘러내리는 물에는 석회가 녹아 있는데, 이 물방울이 수백 년 동안 떨어지면서 종유석과 석순을 만들어 내요. 종유석은 동굴 천장에 달려 있는 것이고, 석순은 바닥에서 솟아난 거예요. 종유석과 석순이 오랫동안 자라면서 달라붙어 기둥 모양으로 된 것은 석주라고 해요. 자연이 만든 멋진 조각품이지요.

슬로베니아의 포스토이나 동굴 천장에 매달려 있는 종유석

# 물길

유럽은 북쪽과 서쪽으로는 대서양에, 남쪽으로는 지중해에 맞닿아 있어요. 거센 파도가 바위를 깎고, 해안선을 따라 만과 후미를 만들었지요. 큰 강들은 유럽을 가로질러 흘러요. 저지대에는 사람이 만든 운하가 엇갈려 흐르고 있어요. 북유럽에는 수많은 호수와 섬이 흩어져 있어요.

또한 유럽에는 큰 호수가 몇 개 있어요. 흑해와 카스피 해는 짠 물이 담긴 커다란 호수지요. 한때는 유럽에서 중앙아시아까지 걸쳐 있을 만큼 넓었어요.

## 예이랑에르 피오르

피오르는 아주 가파르며, 좁은 물길이 내륙에 펼쳐진 것을 가리켜요. 이 계곡은 만 년도 더 된 옛날에 빙하가 움직이며 바위를 깎아 낸 거예요. 그때는 지금보다 훨씬 추웠어요. 하지만 점점 날씨가 따뜻해져 얼음이 녹으면서 해수면이 높아지고, 계곡에도 물이 차오르게 되었지요.

노르웨이 서쪽에 있는 예이랑에르 피오르는 세계에서 가장 아름다운 해안으로 손꼽혀요.

## 라인 강

라인 강은 아주 길어요. 스위스에서 시작해서 독일과 네덜란드를 지나 북해로 흘러가지요. 라인 강은 유럽에서 가장 중요한 수로예요. 운하를 통해서 유럽의 주요 강들과 이어져 있지요.

라인 강 둘레의 마을

**핀란드**에는 바위투성이 섬을 가진 호수를 비롯해 6만 개쯤의 호수가 있어요.

**노르웨이**는 해안선을 따라 길고 좁은 만이 흩어져 있어요. 이것을 피오르라고 하지요. 피오르를 빠르게 흐르는 강물을 이용해 수력 발전소를 세우고, 거기서 나오는 전기로 공장을 돌리기도 해요.

**카스피 해**는 세계에서 가장 큰 호수예요.

**네덜란드**는 땅 대부분이 해수면보다 낮아요. 긴 운하가 판판하고 낮은 땅에서 물을 빼는 일을 하지요. 운하가 없다면 홍수가 날 거에요.

카스피 해를 위에서 내려다본 모습

바렌츠 해
페초라 강
예이랑에르 피오르
오네가 호
베네른 호
라도가 호
상트페테르부르크 운하
북해
발트 해
볼가 강
암스테르담 운하
라인 강
드네프르 강
돈 강
영국 해협
대서양
루아르 강
비스케이 만
베네치아 운하
포 강
아드리아 해
다뉴브 강
흑해
카스피 해
이오니아 해
지중해

**볼가 강**은 유럽에서 가장 긴 강이에요. 카스피 해로 흘러들어 가지요. 볼가 강에는 댐이 많은데, 이 때문에 커다란 인공 호수도 많아요.

**다뉴브 강**은 유럽에 있는 열 개의 나라를 거쳐 흘러가요. 흑해를 서유럽의 산업 중심지와 로테르담 항구로 이어 주지요.

### 부호
- 호수
- 강
- 운하
- 피오르

**루아르 강**은 프랑스에서 가장 긴 강이에요. 보트를 타고 가다 보면 강을 따라 완만하게 펼쳐진 시골과 옛날이야기에 나올 법한 성들을 볼 수 있어요.

**베네치아**는 바다에서 떨어져 생긴 호수 안의 섬 위에 지어진 도시예요. 이 섬들은 운하로 이어져 있지요.

베네치아의 배

피오르는 어디에 있나요?

# 기후

유럽에는 다양한 기후가 나타나요. 북부 유럽은 겨울이 길고 매우 추운 냉대 기후 지역이에요. 서부 유럽 가운데 영국은 대서양에서 불어오는 습한 바람 때문에 비가 자주 내려요. 지중해 주변의 남부 유럽은 여름이 덥고 건조하지만 겨울이 따뜻하고 비가 자주 내려요.

## 따뜻한 해류

멕시코 만류는 따뜻한 플로리다 해류를 대서양을 건너 서유럽으로 보내 주는 해류예요. 그래서 유럽을 따뜻하게 만들지요. 스칸디나비아는 북극권 안에 있지만 대서양을 건너 따뜻한 물을 보내 주는 북대서양 해류 덕분에 따뜻하지요.

## 한밤중 태양의 땅

스웨덴 일부는 북극권 위쪽에 자리 잡고 있어요. 그곳을 한밤중 태양의 땅이라고 하는데, 6월 말에서 7월 초에 거의 24시간 해를 볼 수 있어서예요. 이와 달리 12월과 1월에는 해가 지평선 너머로 거의 뜨지 않아서 하루 종일 컴컴하지요.

북극권의 스웨덴에서 보는 백야

## 지중해의 해변들

지중해 해변에 있는 나라들은 여름에는 덥고 건조하며, 겨울에는 따뜻하고 비가 자주 와요. 따뜻한 바람이 아프리카의 북쪽 해변에서 불어오면서 사하라 사막의 열기를 가져와서예요. 게다가 지중해 같은 내해는 온기를 가두어 놓아요. 햇볕에 데워진 내해는 파도치는 대양보다 그 열기를 더 오래 가지고 있지요.

햇살 가득한 지중해 해변

아주 긴 낮과 밤이 펼쳐져 '한밤중 태양의 땅'이라고 하는 곳은 어디인가요?

| 부호 | |
|---|---|
| ☀ | 햇빛 |
| 💧 | 비 |
| ❄ | 눈 |
| 🌊 | 높은 파도 |
| → | 바람 |
| ❆ | 추움 |
| ☀ | 한밤중의 태양 |

**북유럽**은 시원하며 비가 잦아요. 겨울이 길고 아주 춥지요. 추운 나라인 **핀란드**는 얼어붙은 호수와 숲에 거의 일 년 내내 눈이 두껍게 쌓여 있어요.

**발트 해**는 겨울에 바다의 일부가 얼어붙어요. 쇄빙선이라고 하는 얼음을 깨뜨리고 나아가는 배가 있어야만 스웨덴의 얼어붙은 해안을 따라 움직일 수 있지요.

쇄빙선

북극권

차가운 바람

따뜻한 바람

뜨거운 바람

**영국**은 온화하고 습해요. 강한 바람이 불어와서 날씨가 자주 바뀌어요. 따뜻하거나 추운 여러 이웃 지역에서 바람이 불어오지요.

**에스파냐**의 한 가운데는 여름에 아주 덥고 건조해요. 바다에서 아주 멀리 있어서예요.

풀이 우거진 **우크라이나 초원**은 맑고 따뜻해요. 흑해에 맞닿아 있어서예요. 흑해 같은 내해는 그 둘레 지역을 따뜻하게 해요.

**알프스 산**에는 눈이 일 년에 몇 달씩 쌓여 있어요. 봄에 녹은 눈은 산비탈을 타고 미끄러져 눈사태를 일으키기도 하고, 굽이쳐 흘러내리는 냇물이 되기도 하지요. 비가 많이 올 때에는 홍수나 산사태가 일어나기도 해요.

알프스의 시냇물

# 식물

동유럽에 펼쳐진 늪이나 습지에는 수생 식물이 자라요. 우크라이나의 판판한 초원에는 흙은 기름지지만 나무가 많지 않고, 질긴 풀이 자라요. 들판과 숲, 따뜻한 서쪽 지방의 알프스 계곡에는 야생화가 자라요. 따뜻한 지중해 해안에 있는 나라에서는 올리브 나무와 포도나무가 가장 잘 자라지요. 모두 메마르고 돌이 많은 흙에서 잘 자라는 나무들이랍니다.

## 초원

서유럽의 오래된 초원과 오솔길 옆에는 노란 미나리아재비와 빨간 양귀비꽃같이 여러 빛깔의 야생화가 자라요. 알프스 계곡 높은 곳에도 초원이 있어요. 이곳에는 용담, 범의귀, 에델바이스같이 추위를 잘 견디는 꽃들이 여기저기 피어 있지요. 이들은 세찬 바람 속에서도 비탈진 바위에 달라붙어 무리지어 자라요.

## 유럽의 숲

서유럽에서는 참나무, 너도밤나무, 단풍나무 같은 낙엽활엽수가 자라요. 이들은 봄에 잎사귀를 틔우고 가을에 잎을 떨어뜨려요. 소나무, 전나무 같은 상록수가 우거진 숲은 쌀쌀한 북부에 펼쳐져 있어요. 상록수의 단단하고 바늘같이 뾰족한 나뭇잎은 빠르고 거세게 부는 차가운 바람에도 잘 견디지요.

상록수는 뾰족한 원뿔 모양이라서, 눈이 와도 많이 안 쌓이고, 눈이 쉽게 미끄러져 떨어져요. 상록수는 가파른 산비탈에서도 잘 자라요.

디기탈리스

에델바이스

양귀비

블루벨

### 죽어 가는 숲

공장과 발전소, 차에서 나오는 연기와 유독 가스는 공기 중의 물과 섞여서 산성을 띠는 작은 물방울을 만들어요. 이 물방울이 산성비가 되어서 식물과 흙을 오염시켜서 잘 자라지 못하게 해요. 북유럽의 소나무 숲은 산성비로 많이 파괴됐어요.

### 툰드라

북극권에 있는 툰드라 지대는 땅 표면 아래의 흙이 언제나 꽁꽁 얼어 있어서 식물이 자라기 어려워요. 이끼나 지의류, 추위에 강한 작은 관목만이 길고 혹독한 툰드라 지대의 겨울을 이겨 낼 수 있지요.

산성비는 식물한테 어떤 영향을 주나요?

툴립은 네덜란드에 있는 넓은 밭에서 자라요. 다 자란 툴립은 배에 실려서 전 세계로 팔려 나가요.

우크라이나의 드넓은 초원에는 질긴 풀과 농작물이 자라요.

네덜란드의 툴립 밭

스칸디나비아는 곳곳이 **소나무**로 뒤덮여 있어요.

프리피야티 습지는 동유럽에 드넓게 펼쳐져 있어요. **큰 갈대, 고랭이, 양치류**가 질퍽질퍽한 땅에서 자라지요.

서유럽의 들판과 숲에는 **야생화**가 흔하게 피어 있어요.

**용담**은 트럼펫같이 생긴 파란 꽃이에요. 알프스 초원에서 자라지요. 기후가 따뜻해지면서 알프스 꽃이 차츰차츰 사라지고 있어요.

**올리브**는 제멋대로 가지를 뻗는 작은 관목이에요. 쓴맛이 나는 올리브 열매로 올리브기름을 짜지요.

지중해 지방의 올리브 과수원

**부호**
- 양치류
- 용담
- 풀
- 올리브
- 고랭이
- 소나무
- 이끼
- 툴립
- 야생화
- 산성비

15

# 동물

유럽에는 다양한 동물 서식지가 있어요. 수풀이 우거진 서부 초원에서부터 얼음으로 뒤덮인 추운 북부까지 여러 동물이 살고 있지요.

다람쥐, 토끼, 여우, 오소리 같은 작은 동물들은 서유럽의 삼림지에서 살아요. 솔담비와 울버린은 북유럽의 사람 발자취가 없는 소나무 숲에 살지요. 야생 멧돼지와 스라소니는 동부의 낙엽 활엽수림에 사는 동물 가운데 큰 편이에요.

## 툰드라의 동물들

툰드라는 얼음으로 뒤덮여 있어서 동물들이 살아남기에 너무 추운 곳이에요. 하지만 추위에 잘 적응한 동물들도 있어요. 순록은 발굽을 써서 눈을 치우고 이끼를 찾아서 먹어요. 늑대는 여러 식구로 무리를 지어서 사슴, 집토끼, 산토끼를 사냥하지요.

툰드라는 늑대의 사냥터예요.

여름에 산토끼의 털 빛깔은 잿빛을 띤 파란빛이에요.

### 위장

위장은 동물들이 계절별로 털 빛깔을 바꾸는 것을 가리켜요. 위장을 통해 동물들은 변화하는 자연환경에도 잘 숨을 수 있어요. 산토끼는 여름에는 털이 잿빛을 띤 파란빛이고, 겨울에는 하얀빛이에요. 몸빛을 둘레 환경과 비슷하게 하여 적의 눈에 띄지 않고 쉽게 숨을 수 있지요.

## 밤 올빼미

올빼미는 밤에 사냥하고 먹이를 먹어요. 어둠 속에서도 잘 볼 수 있어서예요. 숲에서 쥐같이 작은 동물들이 부스럭거리는 소리에 귀를 기울이고 있다가 가만히 다가가 냉큼 잡지요. 대부분의 올빼미는 나무 구멍 안에 둥지를 틀어요. 농경지에서 살충제와 독극물을 쓰는 바람에 차츰차츰 사라져 가고 있어요.

올빼미는 낮에는 자고 밤에 나와서 먹이를 사냥해요.

# 인구

유럽에는 사람이 아주 많이 살고 있어요. 유럽은 일곱 대륙 가운데 여섯 번째로 크지만, 인구는 아시아와 아메리카에 이어 세 번째로 많지요.

많은 사람이 일터를 찾아 유럽으로 오면서 마을과 도시들이 자꾸 커지고 있어요. 늘어나는 인구에 따라 집과 일터를 더 많이 만들어서예요. 산악 지대 등에는 사람이 많이 살지 않지만 산업과 교통이 편리한 도시에는 특히 많은 사람이 살지요.

유럽 인구를 살펴보면, 여러 나라에서 아이들이 예전처럼 많이 안 태어나서, 인구의 평균 나이가 많아지고 있어요.

## 유럽 연합

유럽 연합은 EU라고도 해요. 유럽 나라들이 서로 무역을 쉽게 하려고 만든 대규모 협회예요. 이제는 무역뿐만 아니라 다른 여러 일을 같이하는 '식구'로 규모가 더 커지고 있어요. 회원국은 6개 나라에서 27개 나라로 늘었어요. 불가리아와 루마니아가 가장 최근에 가입했지요. 크로아티아와 터키도 가입하고 싶어 해요.

유럽 연합기

### 작지만 사람이 많은 나라

모나코는 프랑스 해안의 작은 나라예요. 유럽에서 가장 좁은 땅에 가장 많은 사람이 살고 있는 곳으로 알려져 있어요.

## 유럽의 이름난 도시

파리의 에펠 탑

유럽에는 오래되고 예로부터 널리 알려진 도시가 여럿 있어요. 전 세계 관광객들이 역사적인 건축물과 박물관, 미술관을 보려고 유럽으로 오지요.

프랑스의 **파리**는 몇 백 년 동안 미술, 음악, 문학의 중심지였어요. 파리를 대표하는 건축물로는 노트르담 대성당, 개선문, 에펠 탑이 있어요.

영국의 **런던**은 세계에서 가장 오래되고 역사적인 도시로 손꼽혀요. 금융과 상업의 중심지이기도 하지요.

모스크바의 성 바실 성당

독일의 **베를린**은 1990년에 수도가 되었어요. 45년간 계속된 분단의 역사를 뒤로 하고 활기찬 현대 도시로 발전하고 있지요. 잔치와 밤 문화, 새로운 건축으로 이름나 있어요.

러시아의 수도는 **모스크바**예요. 모스크바 강기슭에 세워졌지요. 붉은 광장은 모스크바 중심지에 있는 넓고 탁 트인 곳이에요. 그 둘레에 크렘린 궁전, 국립 역사박물관, 돔으로 이름난 성 바실 성당이 있어요.

어디에 가면 에펠 탑을 볼 수 있나요?

런던의 옥스퍼드 거리

**네덜란드**는 사람들로 많이 붐비는 곳이에요. 땅의 일부가 물에 잠겨 있어서 집을 더 지을 만한 곳이 거의 없어요.

**모스크바**에는 천만 명이 넘는 사람들이 살고 있어요. 유럽에서 사람이 가장 많이 사는 도시지요.

**부호**

- 500만 명 이상 사는 곳
- 100~500만 명이 사는 곳
- 100만 명 이하가 사는 곳
- 사람이 많이 사는 곳
- 사람이 많이 안 사는 곳
- 사람이 거의 안 사는 곳

**런던**은 유럽 연합에서 가장 붐비는 도시예요. 여러 문화권에서 온 사람들이 살고 있지요.

알프스 산의 마을

**이탈리아**에서는 농부들이 화산의 비탈에 살아요. 흙이 기름져서 작물이 잘 자라서예요.

**지중해 해안**에서는 사람들이 관광업이나 어업을 하며 살아요.

유럽 도시에는 사람이 많이 살아요. 일자리가 많아서예요. **독일**과 **프랑스** 가까이에 있는 라인 강 공업 지대를 중심으로 많은 사람이 살고 있지요.

**우크라이나**의 초원 지대에는 사람이 많이 안 살아요. 그 지역 대부분이 농경지로 쓰여서예요.

**오스트리아**와 **스위스**에 있는 대부분의 도시는 계곡에 자리 잡고 있어요. 사람들이 땅이 기름진 계곡이나 알프스 산의 낮은 산비탈에 마을을 지어서예요. 이곳에는 농장과 포도밭이 있지요. 높은 곳에 있는 눈 쌓인 들판에는 아무도 안 살아요.

# 민족과 풍습

유럽은 옛날이나 지금이나 민족과 문화가 다양해요. 나라마다 인구 중 일부는 다른 나라에서 온 사람들이에요. 대부분 그 나라와 역사적으로 가깝게 얽힌 나라에서 왔지요. 대부분의 유럽 나라들은 저마다 전통이 아주 뚜렷해요. 유럽의 오랜 역사를 살펴보면, 사람들은 대륙을 가로질러 움직이며 자기 문화에다 다른 문화를 더해 받아들였어요. 그러면서 사람들은 서로한테 용서와 존중, 이해의 정신을 베풀게 되었고, 이것이 오늘날 유럽을 이끄는 가장 큰 힘이 되었지요.

### 바이킹

7세기에서 11세기 사이에 스칸디나비아와 덴마크 들에 머물면서, 바닷길로 유럽의 여러 나라로 세력을 넓힌 노르만 족의 다른 이름이에요. 항해술이 뛰어났지만 다른 나라를 약탈해서 해적을 뜻하게 되었어요.

## 집시 족

집시들은 천 년 전쯤에 인도에서 유럽으로 왔어요. 오늘날 전 세계에 걸쳐서 살고 있지요. 에스파냐 집시들은 에스파냐의 플라멩코 음악과 춤을 널리 퍼뜨렸어요. 음악가들은 기타를 치고 무용수들은 빙글빙글 돌며 춤을 추지요. 나무로 만든 캐스터네츠를 부딪치고 발을 구르기도 해요.

전통 의상을 입은 에스파냐 집시

## 라프 족

라프 족은 노르웨이, 스웨덴, 핀란드, 러시아 일부 북쪽 끝에 살아요. 일부는 마을에 살지만 일부는 유목민으로 살기도 해요. 이들은 순록을 몰아 눈밭을 헤치며 목초지를 찾아다녀요.

라프 족은 고기, 우유, 가죽을 얻으려고 순록을 길러요.

## 스위스의 농부들

스위스 농부들은 여름이면 계곡에 있는 집을 떠나요. 소를 산 중턱의 목초지로 몰고 가, 통나무집에 머물면서 소 떼가 풀을 뜯는 것을 지키기 위해서예요.

소 목에 방울을 달아 놓아서 산에서도 소를 쉽게 찾지요.

## 전통 음식

유럽은 나라마다 고유한 방식으로 음식을 만드는 전통이 뚜렷하게 남아 있어요. 다양한 재료로 여러 파스타를 만들지요. 파스타는 이탈리아 사람들이 아주 좋아하는 음식이에요.

요리사는 파스타 반죽을 납작하게 만든 다음 비틀어서 모양을 만들거나 잘게 썰어요. 그다음, 파스타를 삶아서 신선한 토마토, 고기, 허브와 같이 먹지요.

## 치즈 시장

네덜란드에서는 치즈 시장이 관광객들한테 아주 인기가 많아요. 알크마르라는 마을에서는 치즈를 만든 사람이 저마다 다른 빛깔 옷으로 멋지게 차려입어요. 그리고 바퀴만큼 커다란 치즈를 전통적인 나무 썰매에 싣고 시장으로 날라요.

네덜란드는 유제품으로 이름나 있어요. 가장 인기 있는 치즈는 고다 치즈와 붉은 왁스를 바른 에담 치즈예요.

## 꼭두각시 인형

《피노키오의 모험》은 이탈리아의 소설가 카를로 콜로디가 쓴 동화예요. 꼭두각시 인형인 피노키오가 말썽꾸러기 꼬마로 살아나면서 벌어지는 이야기지요. 목수인 제페토 아저씨는 나무토막을 깎아서 피노키오를 만들어요. 제페토 아저씨는 피노키오를 사랑하지만, 피노키오가 말썽을 피우고 거짓말하는 것을 못 말려요.

피노키오는 고약한 여우와 고양이한테 속아서 목숨까지 위태로워지기도 하고 나쁜 아이들을 만나서 온갖 모험을 다 겪어요. 마지막에 고래한테 먹힌 제페토 아저씨를 구해 내고 착한 사람이 되지요.

《피노키오의 모험》은 전 세계에 이름나 있어요. 인형 극장에서 줄로 움직이는 꼭두각시 인형으로 공연되기도 하지요.

나무로 만든 피노키오 꼭두각시 인형이 이탈리아의 장난감 가게에 매달려 있어요.

# 가 볼 만한 곳

유럽 사람들은 세계 다른 나라 사람들보다 여행을 많이 다녀요. 이웃한 다른 유럽 나라를 쉽게 다닐 수 있어서예요. 비행기, 기차를 타고 빠르게 이동할 수 있고, 손수 차를 몰면서 여기저기를 돌아다닐 수도 있지요. 그러면서 풍경을 즐기거나 아름답고 유서 깊은 건축물을 찾아가기도 해요.

에스파냐의 그라나다에 있는 **알람브라 궁전**은 아라비아 양식으로 이름나 있어요. 우거진 숲 속에서 남부 에스파냐의 시에라네바다 산맥을 내려다보는 곳에 있지요.

이탈리아 로마에 있는 **콜로세움**은 커다란 원형 경기장이에요. 고대 로마 시대에 검투사들의 경기나 모의 전투를 치르던 곳이에요. 지금 이탈리아에서 가장 인기 있는 관광지로 손꼽히지요.

터키 이스탄불에 있는 **블루모스크**는 1600년대에 지어졌어요. 이슬람 건축의 걸작이지요. 블루모스크에는 아름다운 돔과 호리호리한 여섯 개의 첨탑이 있어요. 벽은 반짝이는 푸른빛 타일로 덮여 있어요.

그리스 아테네에 있는 **아크로폴리스**는 바위투성이 언덕이에요. 그곳 꼭대기에 고대 그리스의 파르테논 신전이 남아 있어요.

나무가 우거진 독일 남부에는 산속에 멋진 성들이 자리 잡고 있어요. **노이슈반슈타인 성**은 하얀 벽돌로 되어 있고 첨탑은 마치 동화 속에 나오는 것 같아요. 바이에른 주의 시골을 내려다보며 우뚝 서 있어요. 디즈니랜드에 있는 잠자는 공주의 성은 노이슈반슈타인 성을 따라했지요.

영국 런던의 명물 **런던아이**는 전 세계에서 가장 큰 대관람차예요. 템스 강가에 있지요. 런던의 멋진 풍경을 한눈에 볼 수 있어요.

체코에 있는 **프라하**는 유서 깊은 도시예요. 오래된 건물과 아름다운 다리를 곳곳에서 볼 수 있지요.

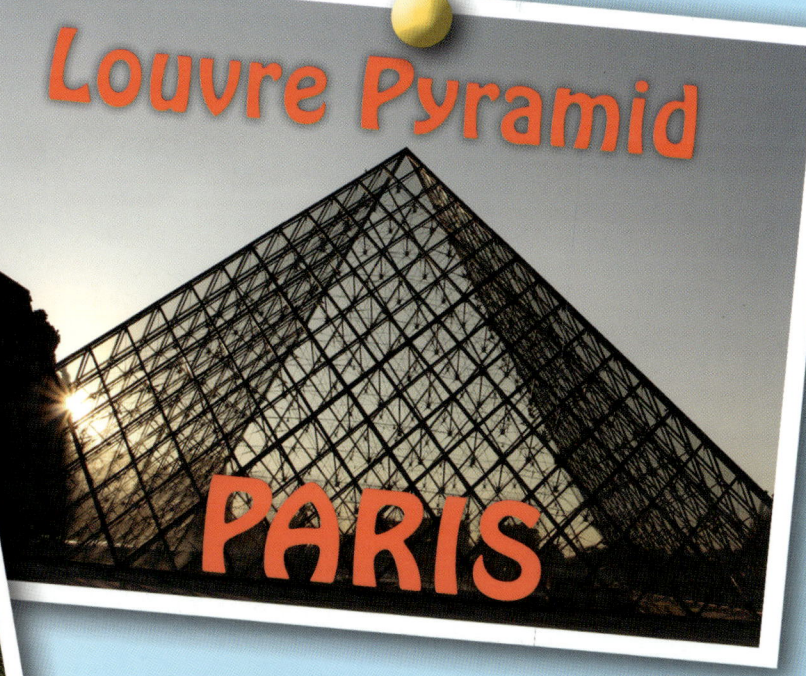

파리는 옛 건축과 현대 건축의 조화로 이름나 있어요. **루브르 박물관**은 세계에서 오래된 박물관으로 손꼽혀요. 하지만 유리 피라미드 모양인 입구는 매우 현대적이어서 사람들의 눈을 사로잡지요.

# 산업

유럽은 다른 어떤 대륙보다도 철강 산업, 연료 산업, 과수 농업 따위가 발달해 있어요. 철강 산업은 가장 중요한 산업에 들어가요. 철은 여러 가지 기계와 자동차를 만드는 데에 필요하지요. 철광석, 석탄, 석유와 같은 천연자원이 풍부해 연료 산업도 발달해 있어요. 또한 농업도 발달하여 갖가지 농작물이 생산되고 있어요. 곳곳에 기름진 땅이 많고, 따뜻하면서 비가 많이 오는 기후 덕분이에요.

## 핵 발전

세계 곳곳에 묻힌 석유, 가스, 석탄이 차츰차츰 바닥을 드러내고 있어요. 그래서 유럽의 많은 나라가 가정과 공장에 전력을 공급하려고 핵에너지를 쓰고 있어요. 이를테면 프랑스에서는 75퍼센트쯤의 전기가 핵발전을 통해 만들어지지요.

## 연료 산업

루마니아의 다뉴브 평원에는 석유가 묻혀 있어요. 펌프로 퍼 올린 석유는 가까이 있는 정제소로 보내지고, 그곳에서 휘발유, 화학 물질, 합성 섬유, 염료 따위로 바뀌지요. 특히 트란실바니아에 천연가스층이 많이 묻혀 있어요. 이곳의 땅을 깊이 파서 가스를 캐내지요. 가스는 긴 파이프라인을 통해 도시와 공장으로 운반되어요. 석유는 노르웨이에서도 귀중한 자원이에요. 흑해에서 석유를 캐낸 뒤 다른 유럽 나라로 수출되지요.

트란실바니아의 가스전

## 자동차 산업

서유럽에는 자동차 공장이 많이 있어요. 자동차 대부분은 조립 라인에서 기계로 조립되지요. 페라리, BMW, 포르쉐 같은 이름난 스포츠카가 서유럽에서 만들어져요. 좌석이 하나인 경주용 자동차 포뮬러 원 자동차 경주 대회는 유럽에서 아주 인기가 많아요.

조립 라인에서 로봇이 자동차를 조립해요.

비닐하우스에서 자라는 농작물

스칸디나비아의 커다란 숲에서 **목재**를 얻어요. 목재는 집을 짓고 가구와 종이를 만드는 데에 쓰이지요. 전 세계에서 쓰이는 **코르크**는 대부분 에스파냐와 포르투갈에서 만들어져요. 코르크는 코르크나무 껍질에서 만들어져요. 코르크는 신발, 바닥 타일, 와인마개를 만드는 데에 쓰이지요.

나무를 베어 낸 자리에 나무를 새로 심어요.

유럽 곳곳에 비닐하우스에서 **과일**과 **채소**를 길러요. 비닐하우스 덕분에 날씨가 추워도 농작물을 기를 수 있어요. 또한 농작물을 병충해로부터 보호하는 데에도 좋지요.

네덜란드에 있는 암스테르담은 **다이아몬드 가공**이 아주 발달해 있어요.

### 부호

- 🍇 와인
- 🏭 공장
- 🐟 물고기
- 🍏 과일
- 🪵 목재
- 🌾 밀
- 💎 다이아몬드
- 핵 발전
- 천연가스
- 석유
- 금속

### 어업 경보

어업은 지중해와 대서양 주변 국가의 중요한 산업이에요. 고기잡이배를 타고 여러 물고기를 잡아와서 날로 먹거나 얼리거나 통조림을 만들고, 동물 먹이나 비료로도 만들지요. 지나친 어업으로 어류 자원이 아주 빠르게 줄어들고 있어요. 머지않아 대구, 해덕, 민어 같은 흰살 생선이 아예 사라져 버릴지도 몰라요.

어류 자원이 바닥나고 있어요.

다이아몬드 가공으로 이름난 도시는 어디인가요? **25**

# 교통

유럽의 많은 나라는 오랫동안 뱃길을 이용해 왔어요. 이웃 나라로 가려는 탐험가들과 상인들은 배를 타고 대서양이나 지중해를 건너곤 했지요. 이 뱃길은 몇 백 년 동안 유럽을 아프리카, 아시아와 잇는 중요한 무역로였어요. 육로로 움직일 때에는 북쪽에 있는 평원을 가로질러 갔어요. 계곡이나 산길을 따라가며 산악 지대의 국경을 넘기도 했지요.

## 알프스 산 아래와 위

스위스와 오스트리아는 알프스 산지를 끼고 있어요. 이곳에도 도로와 철도가 좁은 계곡과 가파른 언덕을 지나며 구불구불 나 있어요. 가파른 계곡은 다리를 놓아 잇게 만들었어요. 어떤 도로는 산 밑 터널을 지나기도 해요. 프랑스와 이탈리아를 잇는 몽블랑 터널이 가장 이름나 있어요.

## 화물 트럭

수많은 트럭이 날마다 유럽 대륙을 지나다녀요. 물품을 필요한 곳에 나르는 것이지요. 특히 화물 트럭인 탱크 트레일러는 화학 물질과 석유, 가스 따위를 날라요.

## 테제베 (TGV)

프랑스의 테제베는 세계에서 가장 빠른 기차 중 하나예요. 가장 빠르게는 한 시간에 270킬로미터나 달릴 수 있지요.

프랑스의 테제베는 무척 빠른 고속 열차예요.

## 도시 운하

운하는 유럽 곳곳에서 볼 수 있어요. 운하는 땅을 파서 물이 지나가게 만든 수로예요. 운하는 대부분 매우 길어서 수백 킬로미터 정도 이어지다가 도시에서 끝나요. 네덜란드의 암스테르담은 운하가 도시를 여러 겹으로 둘러싸고 있어요. 운하 위에는 다리들이 놓여 있지요. 이곳에서는 보트로 도시 곳곳에 쉽게 갈 수 있어요. 러시아에 있는 상트페테르부르크와 이탈리아에 있는 베네치아도 운하로 이름나 있어요.

암스테르담에는 운하가 많아요.

## 외로포르트 항구

네덜란드의 로테르담에는 외로포르트 항구가 있어요. 유럽에서 가장 큰 항구지요. 이곳을 드나드는 배 대부분은 컨테이너선이에요. 컨테이너 안에는 물품이 높이 쌓여 있어요. 컨테이너를 실은 커다란 화물선은 아시아의 홍콩이나 싱가포르같이 먼 항구에서 몇 주씩 걸려서 오기도 해요. 이렇게 배에 실려 온 화물들을 항구에서 다시 재빨리 화물 열차에 실어서 북유럽의 여러 도시로 운반되지요.

네덜란드의 외로포르트 항구

## 네덜란드 자전거

네덜란드 사람들은 자전거를 즐겨 타요. 언덕길이 없고 도시에 차가 그다지 없어서예요. 또한 유럽 사람들은 자연환경을 보호하기 위해 자전거로 출퇴근할 뿐만 아니라 자전거 타기를 여가 생활로 즐기기도 하지요.

## 모스크바 지하철

모스크바의 지하철 건설은 더 좋은 도시를 만들기 위한 정부의 계획 가운데 하나였어요. 모스크바 인구는 1932년에 거의 400만 명에 이르게 되었어요. 버스와 전차가 사람들로 너무 붐비게 되자 지하철이 필요하게 된 것이지요. 모스크바의 지하철은 멋져요. 디자인이 아름다울 뿐만 아니라 훌륭한 건축, 조각, 그림으로 꾸며져 있지요. 오늘날 모스크바 지하철은 선로가 200킬로미터 넘게 뻗어 있고, 날마다 900만 명을 실어 날라요.

모스크바의 지하철역은 아름다운 건축으로 이름나 있어요.

네덜란드에서는 자전거를 즐겨 타요.

# 오리엔트 특급 열차를 타고

여행객들은 기차에 가방을 실은 뒤, 자리에 앉아요. 지금 유럽에서 가장 긴 승객 열차인 오리엔트 특급 열차를 타고 런던에서 베네치아로 떠나는 중이에요. 짙은 푸른빛과 금빛으로 빛나는 유럽에서 가장 우아한 열차이지요. 열차가 역을 떠나 프랑스를 향해 달려요.

프랑스 파드칼레의 모래 언덕과 습지를 지나자 여행객들은 창밖으로 스쳐가는 농장과 포도밭을 보아요. 이어 기차는 굽이치는 솜 강을 지나가요. 제1차 세계 대전 때 매우 격렬하게 전투가 벌어진 곳이지요. 곧 여행객들은 옷을 차려입고 멋진 식당차로 가요. 창밖으로는 파리의 불빛이 지나가요. 차츰차츰 하늘은 어두워지고, 여행객들은 잠자리에 들어요. 아침이 밝고, 열차는 프랑스를 한참 지나 스위스를 지나가는 중이에요. 리히텐슈타인 산의 우뚝 솟은 산봉우리가 창밖으로 스쳐 지나가요.

곧 열차는 국경을 넘어 오스트리아로 달려요. 열차가 오르막길을 오르기 시작해요. 갑자기 아를베르크 터널의 어둠이 확 밀려와요. 터널을 나오면 산봉우리에 눈이 쌓인 멋진 풍경이 보여요.

이탈리아의 도시인 베로나에 다다르자, 여행객들은 열차에서 내려요. 커다란 야외극장인 로마 원형 경기장에서 오페라를 보며 저녁을 보내지요. 마침내 열차는 섬을 잇는 철로를 달려 베네치아에 다다라요. 여행객들은 다시 열차에서 내려 사방이 물로 둘러싸인 아름다운 도시를 둘러보아요. 맵시 있는 곤돌라가 매끄럽게 운하를 지나다니지요. 이탈리아의 맛있는 음식 냄새가 자갈 깔린 길거리를 가득 채워요.

오리엔트 특급 열차는 오랫동안 유럽의 끝과 끝을 잇는 긴 여행을 해 왔어요. 처음에는 런던에서 러시아의 반대쪽 끝에 있는 블라디보스토크까지 갔지요. 하지만 오늘날은 칼레에서 베네치아까지 짧은 거리만 다녀요.

오리엔트 특급 열차가 가는 길

# 용어 풀이

**간헐천** 뜨거운 물과 수증기가 뿜어져 나오는 곳이에요. 화산 지대에서 볼 수 있지요. 간헐천은 뜨거운 물과 기체가 땅 밑에서 충분히 쌓일 때마다 이따금씩 솟구쳐서 뿜어 나와요.

**강** 넓고 길게 흐르는 물줄기예요. 강은 대부분 바다로 흘러 들어가지요.

**계곡** 산이나 언덕 사이에 있는 낮은 땅이에요.

**눈사태, 산사태** 산비탈에서 눈이 미끄러져 내려오는 것이 눈사태이고, 돌이 미끄러져 내려오는 것이 산사태예요. 때로는 눈과 바위와 돌이 섞여 내려오기도 하지요.

**늪** 땅이 낮고 질퍽거리는 곳으로 물에 자주 잠기는 곳이에요. 늪은 대부분 강이 바다와 만나는 어귀 가까이에 있지요.

**대륙** 지구의 커다란 땅덩이를 일곱 개의 대륙으로 나눌 수 있어요. 유럽, 북아메리카, 남아메리카, 아시아, 아프리카, 오세아니아, 남극이지요.

**대양** 대륙을 둘러싸고 있는 커다란 소금물이에요. 대양은 지구 표면의 3분의 2를 넘게 차지하지요.

**바다** 짠물이 모인 넓은 곳으로 하나로 넓게 이어져 있어요. 바다의 일부나 전부가 땅에 둘러싸여 있을 수도 있지요.

**빙하** 얼음, 돌, 흙이 덩어리를 이루어 강처럼 흐르는 거예요. 눈이 안 녹고 빽빽하게 쌓이면서 빙하가 되지요.

**산** 땅에서 아주 높이 솟아 있는 곳이에요. 언덕보다 높지요.

**서식지** 동물이나 식물이 살아가는 환경을 가리켜요.

**석호** 모래가 쌓여서 바다에서 떨어져 생긴 호수를 가리켜요. 소금물로 채워져 있지요.

**섬** 둘레가 물로 둘러싸인 대륙보다는 작은 땅을 가리켜요.

**습지** 물이 잘 안 빠져서 축축한 땅을 가리켜요.

**운하** 사람이 만든 물길이에요. 이곳에 보트와 배가 지나다니지요. 운하 가운데 강, 호수, 바다를 잇는 것도 있어요.

**적도** 남극점과 북극점 가운데에서 지구를 빙 둘러 그린 상상의 선이에요.

**초원** 건조하고 풀이 우거진 평원으로 나무는 별로 없어요. 유럽의 중부와 동부에서 러시아에 걸쳐 펼쳐져 있지요.

**툰드라** 나무가 안 자라는 판판한 북쪽 평원을 가리켜요. 키가 작고 추위에 강한 식물들만 이곳에서 자라요.

**피오르** 복잡한 해안선으로, 빙하가 흘러내리며 깎아 놓은 비탈진 계곡에 바닷물이 밀려 들어 홍수가 날 때 만들어지지요.

**호수** 땅으로 둘러싸인 커다란 물웅덩이예요. 아주아주 큰 호수는 '-해'라고 하지요.

**화산** 산꼭대기에 나 있는 지구 표면의 틈이에요. 화산이 폭발할 때 지구 깊숙한 곳에 있던 용암, 화산재, 뜨거운 가스가 이곳으로 뿜어져 나와요.

# 찾아보기

**ㄱ**
간헐천 9
개선문 18
검독수리 17
고다 치즈 21
고래 15
고슴도치 17
곤돌라 28
관광업 19

**ㄴ**
나침반 4
낙엽활엽수 14
낙엽활엽수림 16
남극권 4, 5
남회귀선 4, 5
노르웨이 해 4, 5
노트르담 대성당 18
눈사태 13
늑대 16

**ㄷ**
다뉴브 강 11
다람쥐 16
다이아몬드 25
딱따구리 17

**ㄹ**
라인 강 10, 19
라프 족 20
라플란드 17
런던아이 23
로테르담 11, 27

**ㅁ**
멕시코 만류 12
멧돼지 16, 17
몽블랑 터널 26

**ㅂ**
발칸 반도 9
발트 해 11, 12, 13
베네치아 11, 28, 29
베수비오 산 8

볼가 강 11
볼쇼이 7
북극권 4, 5, 12, 13, 15
북대서양 해류 12
북해 4, 5, 10, 11
북회귀선 4, 5
불가리아 6, 18
불곰 17
붉은 광장 18
빙하 10

**ㅅ**
사슴 16, 17
산업 19, 24, 25
산토끼 16
상록수 14
상트페테르부르크 26
석순 8
석탄 24
석호 28
성 바실 성당 18
소나무 14, 15, 16
솔담비 16, 17
솜 강 28
수력 발전 11
순록 16, 17, 20

**ㅇ**
아를베르크 터널 28
아이벡스 17
알프스 7, 8, 9, 13, 14, 15, 17, 19, 26
암스테르담 11, 19, 25, 26
양치류 15
어업 19, 25
에담 치즈 21
에트나 산 8
에펠 탑 18
여우 16, 17
예이랑에르 피오르 10, 11
오리엔트 특급 열차 28, 29
오소리 16, 17
올리브 14, 15
올빼미 16
외로포르트 항구 27

용담 14, 15
우랄 산맥 8
운하 7, 10, 11, 26, 28
울버린 16, 17
웨일즈 7
위장 16
유럽 연합 18
유목민 20
이끼 15, 16, 17
이베리아 반도 7
이베리아스라소니 16, 17
이탈리아 반도 9

**ㅈ**
적도 4, 5
전나무 17
종유석 8
지브롤터 9
지의류 15
지중해 5, 9, 10, 11, 12, 14, 15, 19, 26
집시 20

**ㅊ**
축척 5

**ㅋ**
카스피 해 5, 9, 10, 11
코르크 25
캅카스 산맥 8, 9
콜로세움 22
크렘린 궁전 18

**ㅌ**
태평양 4, 5
테제베 26
템스 강 23
툰드라 14, 16, 17, 19
튤립 15
트란실바니아 24

**ㅍ**
파르테논 22
파리 18, 23, 28, 29
포도나무 14

포스토이나 동굴 8, 9
프리피야티 습지 15
플라멩코 20
피노키오 21
피레네 산맥 8, 9
피브카 강 8
피오르 10, 11

**ㅎ**
화산 8, 9, 19
흑해 5, 11, 12, 13

# 한눈에 보기

### 대륙
세계는 일곱 개의 큰 땅덩이로 나누어져 있어요. 이것을 대륙이라고 하지요. 유럽은 세계에서 여섯 번째로 큰 대륙이에요. 삼면이 바다로 둘러싸여 있고, 동쪽으로 아시아와 경계를 이루고 있지요.

### 나라
유럽은 50여 개의 나라로 이루어져 있어요. 나라마다 고유한 생활 방식이 있고 대부분 그 나라 고유어를 쓰고 있어요. 유럽의 여러 나라가 모여서 커다란 무역 협회를 만들었는데, 이것을 유럽 연합(EU)이라고 해요.

### 지형

우랄 산맥, 알프스 산맥, 피레네 산맥, 캅카스 산맥 같은 커다란 산맥은 여러 나라 사이에 자연스럽게 국경을 만들어요. 드넓은 저지대와 북유럽 평원은 대서양에서 러시아까지 유럽을 가로질러 펼쳐져 있어요.

### 물길
유럽은 대서양과 지중해에 맞닿아 있어요. 또한 여러 개의 넓은 내해도 있지요. 큰 강들이 유럽을 가로질러 흘러요. 저지대에는 사람이 만든 운하가 서로 엇갈려 있어요. 북유럽에는 수많은 호수와 섬이 있어요.

### 기후

유럽 기후는 몇몇 해류 덕분에 따뜻해요. 미국의 남쪽 해안에서 대서양을 건너오는 해류들이지요. 지중해, 발트 해, 흑해 지역은 더 따뜻하고 건조해요. 유럽 곳곳에 높은 산이 있어서 세찬 비바람을 일으키기도 해요.

### 식물
유럽 대부분은 땅이 기름져서 농작물이 잘 자라요. 우크라이나의 초원 지대에는 나무가 많이 없어요. 하지만 다른 곳에는 숲이 우거져 있어요. 야생화는 따뜻한 서쪽 지방의 들판과 숲에서 피어나지요.

### 동물

아주 다양한 동물이 유럽 곳곳에 살고 있어요. 다람쥐, 토끼, 여우, 오소리 같은 작은 동물들은 서부 지역의 삼림지에 살아요. 추위를 잘 견디는 새와 동물들은 북유럽의 사람 발자취가 없는 소나무 숲에 살지요. 야생 멧돼지와 스라소니는 동부의 낙엽 활엽수림에 사는 동물 가운데 큰 편에 들어가요.

### 인구
유럽에는 사람이 많이 살아요. 땅이 좁은 편인데도 인구는 대륙 가운데 세 번째로 많거든요. 게다가 유럽의 마을과 도시 들은 자꾸 커지고 있어요. 늘어나는 인구에 따라 집과 일터를 더 많이 만들어서예요.

### 민족과 풍습
유럽에는 옛날이나 지금이나 여러 민족과 문화가 있고, 나라마다 아주 뚜렷한 전통을 지니고 있어요. 유럽의 오랜 역사를 살펴보면, 사람들은 대륙을 가로질러 움직이며 다른 문화를 서로 혼합시켰지요. 사람들이 서로 용서, 존중, 이해의 정신을 베푸는 것은 유럽 사람들의 가장 큰 장점이지요.

### 산업
유럽은 어떤 대륙보다도 산업이 발달해 있어요. 원료나 공장에 연료가 되는 철광석, 석탄, 석유와 같은 천연자원이 풍부해요. 또한 모든 종류의 농작물이 자랄 수 있어요. 땅이 기름지고 기후가 따뜻하면서 비가 많이 와서예요.

### 교통
유럽의 많은 나라는 오랫동안 뱃길을 이용해 왔어요. 대서양과 지중해는 몇 백 년 동안 유럽을 아프리카, 아시아와 잇는 중요한 무역로였어요. 육로로 움직일 때에는 북쪽에 있는 평원을 가로질러 갔어요. 계곡이나 산길을 따라가며 산악 지대를 넘기도 했지요.

 ## 꼬마 탐험가가 보는 지도책 (전 8권)

나라, 지형, 식물, 동물, 인구, 민족과 풍습, 산업 들에 이르기까지 세계의 여덟 곳을 생생한 사진과 눈에 쏙쏙 들어오는 그림으로 탐험해 보아요!

### • 1권 유럽
작은 대륙이지만, 50여 개 나라가 옹기종기 모여 있는 유럽으로 떠나요!

### • 2권 북아메리카
여러 문화가 함께 어우러져 있는 북아메리카로 떠나요!

### • 3권 남아메리카
자연의 순수함을 느낄 수 있는 남아메리카로 떠나요!

### • 4권 동북·동남아시아
세계에서 가장 많은 사람이 사는 동북·동남아시아로 떠나요!

### • 5권 서남·중앙아시아

독특한 자연과 문화가 있는 서남·중앙아시아로 떠나요!

### • 6권 아프리카
놀라운 자연이 살아 숨 쉬는 아프리카로 떠나요!

### • 7권 오세아니아
세계에서 가장 작은 대륙인 오세아니아로 떠나요!

### • 8권 극지방과 바다
신비한 극지방과 바다로 떠나요!